SEGUNDA EDICIÓN

IMÁGENES BUENAS, IMÁGENES MALAS

Protegiendo a los más pequeños contra la pornografía

Kristen A. Jenson, MA

ilustraciones de **Debbie Fox**

UNA NOTA DE LA AUTORA

Me complace presentar la segunda edición de *Imágenes buenas, imágenes malas*. He llevado a cabo revisiones importantes en el texto principal que aclaran y actualizan información científica y mejoran los argumentos contra la pornografía. Asimismo, he agregado preguntas con el título "¡Hablemos!" al final de los capítulos. Son un excelente medio para profundizar y consolidar la comprensión del contenido. La sección *Consejos para padres y profesionales* se ha reescrito por completo a partir de los mejores conocimientos obtenidos tras años de estudio y observaciones de padres y profesionales. Finalmente, se han mejorado la tipografía y el diseño del contenido a fin de facilitar su lectura. El diseño de la cubierta se ha actualizado para reflejar la popularidad adquirida por los dispositivos móviles. A continuación, se ofrecen algunos consejos excelentes para sacer el máximo provecho a esta nueva edición.

CINCO CONSEJOS PARA USAR *IMÁGENES BUENAS, IMÁGENES MALAS*

1. Vaya a su ritmo. Lea los capítulos de uno en uno o el libro entero en una sola sesión. Les corresponde a usted y a su hijo o hija elegir. No olvide que cuando se trata de proteger a los más pequeños de la pornografía no basta con tener una conversación y "asunto arreglado".

2. Fomente las preguntas. Converse sobre las preguntas en los apartados titulados "¡Hablemos!" al final de cada capítulo para consolidar los conocimientos de su hijo o hija. Por supuesto, los niños suelen formular sus propias preguntas y a veces estas son excelentes. Si alguna le deja sin palabras, es perfectamente aceptable decir: "¡Esa es una buena pregunta! Déjame pensar al respecto y pronto te daré mi respuesta".

3. Emplee sus propias anécdotas y vocabulario. No tenga reparos a la hora de desarrollar las analogías o emplear relatos de su propia familia para aclarar conceptos. Este libro es su herramienta: usted decide cómo usarlo de una forma óptima.

4. Mantenga la calma. Si su hijo o hija le revela una exposición anterior a la pornografía, respire hondo y escuche. Considérelo una muestra de confianza y una buena oportunidad de averiguar (probablemente tras varias conversaciones) la duración del contacto, dónde se produjo y con quién se encontraban.

5. Descargue el póster gratuito sobre el plan PUEDO (CAN DO, en inglés) visitando el sitio ProtectYoungMinds.org/Resources. Y no olvide los Consejos para padres y profesionales que se ofrecen al final del libro.

UNA HISTORIA NOTABLE ACERCA DE LAS ILUSTRACIONES

Diez años antes de arrancar este proyecto editorial, mi hijo pequeño falleció. Unos meses después de su muerte, Debbie Fox me dio un hermosísimo retrato a la acuarela de mi hijo. Había empleado como modelo la foto del programa de su funeral. Ese regalo es uno de mis tesoros más preciados.

Al plantearme la pregunta "¿Cómo ilustro un libro sobre pornografía dirigido a niños?" tuve claro que las ilustraciones tenían que ser acuarelas. Las ilustraciones tenían que ser delicadas para contraponerse a la dureza de la pornografía. Pero también tenían que ser realistas, no extraídas de unos dibujos animados, ya que no quería banalizar un asunto tan serio.

Resultó entonces una obviedad que la encargada de crear las ilustraciones dotadas de la belleza y la autenticidad que buscaba tenía que ser Debbie. Le agradezco enormemente que aceptara el reto. Ha sido un placer trabajar con ella, por su paciencia y flexibilidad inagotables. Creo que su sensibilidad artística artesanal hace de *Imágenes buenas, imágenes malas* una obra más reconfortante y acogedora si cabe para padres y niños.

ÍNDICE

CAPÍTULO 1

¿QUÉ ES LA PORNOGRAFÍA?

Un domingo al mediodía, mamá y yo estábamos sentados en el sofá mirando una pila de álbumes de fotos. Me encantaba ver fotografías de nuestros viajes a la playa el verano pasado y de la boda del tío Mike en otoño.

Cuando terminamos, mamá se puso seria.

—Quiero hablar contigo de una cosa —dijo mamá—. Nuestro álbum está lleno de fotos buenas que nos recuerdan lo importante que son nuestra familia y amigos. ¿Pero sabías que también hay *fotos malas* por ahí?"

—¿Fotos malas? —pregunté, moviendo la cabeza— ¿qué tipo de fotos?

Mama cerró el álbum y me miró.

—Las fotos malas a las que me refiero se llaman **pornografía *o porno.***

—*¿Pornoqué?* —respondí yo.

—Pornografía significa fotos, vídeos, o incluso dibujos animados de personas con poca ropa o totalmente desnuda. ¿Has visto alguna vez imágenes como esas?— me preguntó mamá.

Me puse a pensar unos instantes y entonces recordé algo.

—Una vez vi una foto de un hombre y una mujer desnudos en un libro de ciencias en la biblioteca. Todas sus partes estaban etiquetadas. ¿Es eso pornografía?

—No— respondió mamá sonriendo —; los dibujos de un libro de ciencias y la pornografía no son lo mismo.

Mamá abrió el álbum de fotos y señaló las fotografías de mis primos y yo en la playa.

—La pornografía muestra las partes *privadas* del cuerpo, como las partes que tapamos con un bañador.

Mamá se puso a pensar un momento.

—La mayoría de los niños y niñas que ven pornografía saben inmediatamente que algo no va bien. Algunos dicen que les hace sentir avergonzados o que les revuelve el estómago.

—Entonces ¿por qué lo ven? —pregunté.

—El problema de la pornografía es que está diseñada para

para que sea emocionante para tu cuerpo. De hecho, la pornografía engaña al cerebro para que segregue una enorme dosis de **sustancias químicas** que hacen que tu cuerpo se sienta muy bien, pero durante unos instantes nada más. Muy pronto, engañar al cerebro con pornografía te mete en graves problemas.

Mamá me tocó suavemente la coronilla con el dedo.

—El problema es que la pornografía puede dañar partes de tu cerebro en desarrollo. Mirar pornografía es peligroso.

—Mamá, si es tan peligroso, ¿cómo lo encuentran los niños?

—Muchos niños y niñas lo ven por accidente en computadoras, teléfonos, tablets y otros dispositivos. A veces es otra persona la que les enseña imágenes pornográficas, incluso amigos o familiares. ¿Te ha pasado eso a ti alguna vez?

—No —respondí, negando con la cabeza.

—Me alegro. Si te pasa alguna vez, ¿me lo vas a contar? Te prometo que no me enfadaré contigo. Es muy importante que yo lo sepa para poder protegerte.

—Claro, mamá... Pero todavía no entiendo por qué hay gente que quiere ver pornografía.

Mamá se puso a pensar unos instantes.

—Es normal que los niños sean curiosos, y a algunos la pornografía les pica la curiosidad. Para muchos niños y niñas, el deseo de ver pornografía puede ser como la atracción de un imán gigantesco. Con solo ver una imagen pornográfica, sus cerebros pueden caer en el engaño y acaban queriendo verla una y otra vez.

Mamá me puso las manos en los hombros y me miró directamente a los ojos.

—Parte de mi responsabilidad como madre es advertirte de peligros. Te he enseñado a llevar un casco cuando vas en bicicleta para proteger tu cerebro *por fuera*. Pero la pornografía se mete *dentro* de tu cerebro y le hace daño. ¿Quieres proteger tu cerebro *por dentro*, también?

—Imagino que sí. Pero ¿cómo puede la pornografía hacerle daño a mi cerebro?

—Se me ocurren tres maneras. La primera es que la pornografía enseña que el cuerpo de una persona es un objeto que se puede usar en lugar de ser parte de una persona completa que merece ser amada y respetada. Cuando la gente ve a los demás como objetos, es mucho más fácil acabar tratándolos mal, ¿no crees?"

—Imagino que sí. Quiero decir, como los objetos no tienen sentimientos, ¿a quién le va a importar cómo se les trata?

—¡Tienes mucha razón! Y eso nos lleva a la segunda razón por la cual la pornografía es perjudicial. ¡Enseña mentiras! La pornografía muestra a hombres maltratando a mujeres y actuando como si eso fuera divertido. ¿Crees que tratar mal a los demás es forma de divertirse?

—Claro que no —repliqué.

Mamá sonrió y me pasó el brazo por los hombros.

—Pues eso no es todo. La tercera manera en que la pornografía puede dañar el cerebro de una persona es que mirarla puede convertirse en una adicción grave. Quiero contarte más cosas sobre la **adicción**, para que seas capaz de proteger tu cerebro contra todo tipo de adicciones.

¡HABLEMOS!

La pornografía significa imágenes perjudiciales de personas con poca ropa o totalmente desnudas. Mirarla puede causar dos sentimientos opuestos al mismo tiempo. Ver pornografía es peligroso porque puede dañar tu cerebro de tres formas por lo menos. Una de ellas es la adicción.

¿Por qué es importante mantener privadas las partes privadas?

¿Qué sensaciones puede causar la pornografía?

¿De qué tres formas puede dañar mi cerebro la pornografía?

Notas:

CAPÍTULO 2

¿QUÉ ES UNA ADICCIÓN?

—¿Sabes qué es una *adicción*? —preguntó mamá.

Señalé un postre que aparecía en la cubierta de una revista de mamá.

—La tía Amy dice que es adicta al chocolate —dije con una sonrisa burlona.

—Algunas personas hablan en broma de las adicciones, pero una adicción auténtica es un problema muy grave —dijo

mamá con una sonrisa—. Las personas cuyas vidas están dominadas por las adicciones se llaman *adictos*.

Mamá frunció el ceño mientras se paraba a pensar.

—Una adicción es un hábito potente; tan fuerte que los adictos sienten que no son capaces de dejarlo, incluso a pesar de intentarlo con todas sus fuerzas. Es como una trampa de la que no pueden escapar.

—Recuerdo que la abuela fumaba cigarrillos. ¿Era una adicta? —pregunté.

—Así es. Le costó muchos años dejar de fumar. Otros familiares nuestros han tenido problemas con adicciones al alcohol y otras drogas. Las personas pueden desarrollar una adicción también a comportamientos, como los juegos de azar o ver pornografía.

—Vaya, ¿la gente puede hacerse adicta de verdad a mirar imágenes malas?

—Es verdad. Algunos se hacen adictos con más facilidad que otros. Pero hay que *evitar a toda costa* las adicciones, sean a lo que sean.

—¿Por qué? ¿Qué ocurre?

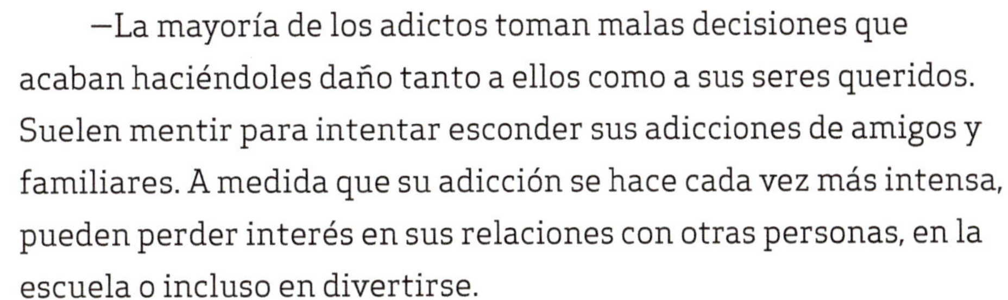

—La mayoría de los adictos toman malas decisiones que acaban haciéndoles daño tanto a ellos como a sus seres queridos. Suelen mentir para intentar esconder sus adicciones de amigos y familiares. A medida que su adicción se hace cada vez más intensa, pueden perder interés en sus relaciones con otras personas, en la escuela o incluso en divertirse.

—De hecho, incluso con la ayuda de un médico, a la mayoría le resulta extremadamente difícil mejorar de una adicción —dijo mamá con un suspiro.

—¿Por qué es tan difícil? ¿No puedes parar cuando quieras?

—No, no es tan sencillo. Y todo se debe a los dos cerebros que tenemos.

—¿Qué es eso de tenemos *dos* cerebros?

—En realidad, solamente tenemos un cerebro, pero tiene dos partes importantes que intervienen en una adicción. Vamos a llamarlas **el cerebro de sentir** y **el cerebro de pensar**. Conocer ambos cerebros te puede ayudar a combatir la adicción —dijo mamá riéndose.

¡HABLEMOS!

Algunos pueden volverse adictos a comportamientos como los juegos de azar y la pornografía, así como a sustancias como las drogas y el alcohol. Tener una adicción es como estar atrapado en un hábito muy malo. Con frecuencia, los adictos toman decisiones equivocadas y mienten para ocultar su adicción. En la adicción intervienen tanto el cerebro de sentir como el cerebro de pensar.

¿Qué es una adicción?

¿A qué cosas pueden volverse adictas las personas?

¿Por qué hacen daño las adicciones?

Notas:

CAPÍTULO 3

MI CEREBRO DE SENTIR

Mamá se levantó y fue a por su tablet. Tocó la pantalla hasta que llegó a una imagen del cerebro humano. Nos sentamos en la cocina a mirarla.

—Tu cerebro de sentir está aquí mismo, en el centro. Tiene varias partes que funcionan *automáticamente* para mantenerte

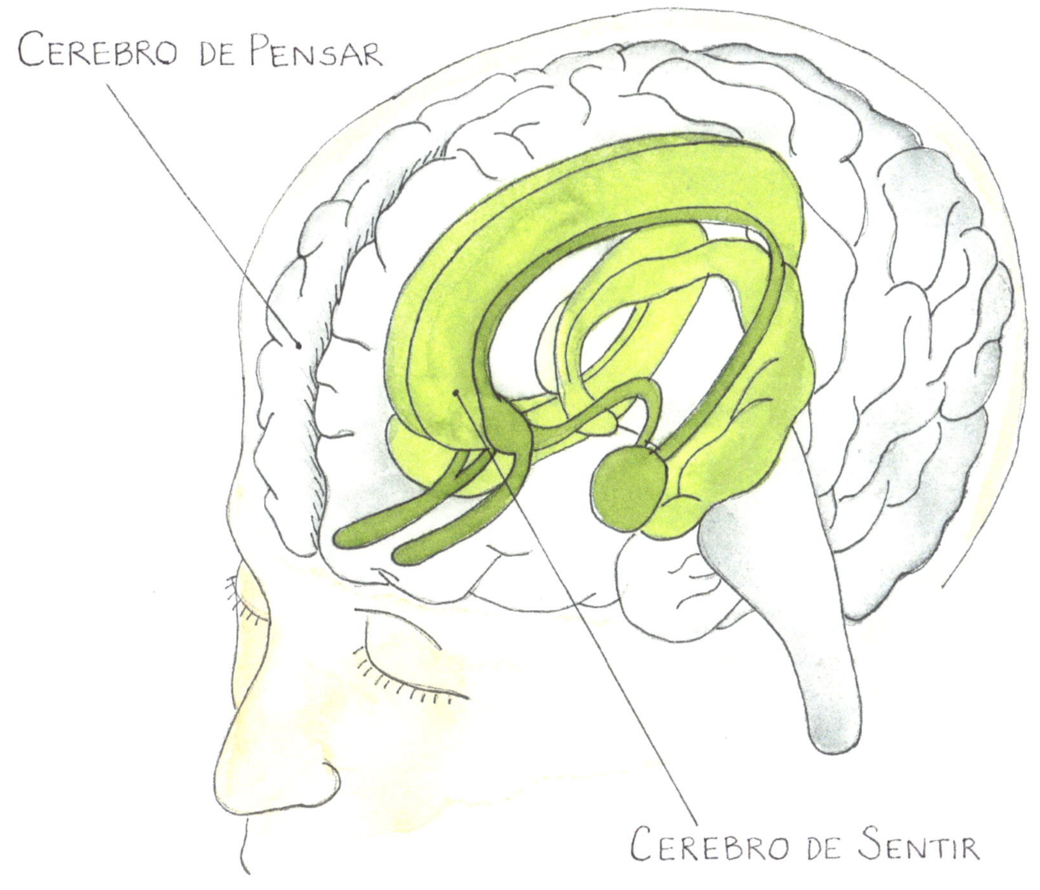

con vida. Por ejemplo, ¿qué ocurre cuando sales a jugar en un día muy caluroso? —Dijo mamá señalando la imagen.

—Me pongo a sudar.

—¡Eso es! Tu cerebro de sentir envía un mensaje al resto del cuerpo para que se enfríe.

—¿Y qué pasa si sales a la calle en un día frío sin una prenda de abrigo? —Me preguntó.

—Me pongo a tiritar.

—¡Exacto! Ese es tu cerebro de sentir enviando un mensaje al cuerpo para que se caliente.

—Tu cerebro de sentir también es responsable de los **impulsos** primarios que te mantienen con vida. Por ejemplo, el cerebro de sentir te produce en ti la sensación de hambre y sed para impulsarte a comer y beber los fluidos necesarios. Tiene además un **sistema de recompensas** que produce sensaciones

de *placer* al hacer ciertas cosas, como por ejemplo comer, que te ayudan a sobrevivir. Premiarte con placer por hacer cosas importantes es un aspecto esencial del funcionamiento del cerebro de sentir.

—¡Por eso me gusta tanto el helado!

—Recompensarte con placer por hacer cosas importantes es una tarea fundamental del cerebro de sentir. Tu cerebro de sentir es fundamental para tu supervivencia, pero también necesita tu ayuda —dijo mamá con una sonrisa.

—¿Por qué? —pregunté.

—Como tu cerebro de pensar no distingue entre el bien y el mal. Es como un guepardo cazando gacelas. Los guepardos cazan gacelas para alimentarse. Para ellos, no es un asunto de bien o mal, matar cuando tienen hambre es una reacción a su instinto de supervivencia.

—Pero los humanos son distintos a los animales—Siguió explicando mamá—. Los humanos tienen la capacidad de pensar en lo que hacen, en lugar de actuar constantemente según el dictado de sus sentimientos.

—Así que el cerebro de pensar es como una madre que le dice a su hijo que deje de comer tanto helado —dije en broma.

—¡Exactamente! —Mamá me guiñó el ojo y nos echamos a reír.

¡HABLEMOS!

Mi cerebro de sentir se encarga de mantener mi cuerpo con vida. Me hace sentir hambre, sed y regula la temperatura de mi cuerpo. Mi cerebro de sentir me hace querer lo que considera que necesito y a continuación me recompensa con sensaciones de placer por repetir esas acciones. Pero tiene una debilidad importante: no distingue el bien del mal.

¿Qué tres tareas importantes desempeña el cerebro de sentir?

____

____

____

¿Cómo me ayuda el cerebro de sentir a mantenerme con vida?

____

____

____

¿Cuál es la mayor debilidad del cerebro de sentir?

____

____

____

Notas: ______________________________

____

____

____

CAPÍTULO 4

MI CEREBRO DE PENSAR

Mamá me tocó la frente con el dedo.

—Esta zona de tu cerebro, aquí en la parte frontal, es el *cerebro de pensar*. Te ayuda a resolver problemas, como hacer tus tareas de matemáticas o cómo construir un fuerte. Tu cerebro de pensar es capaz de planificar y ejercer autocontrol, como cuando controlas tu genio. Pero lo que es más importante, tu cerebro de pensar puede aprender a distinguir entre *lo que está bien y lo que está mal.* Puede aprender también a tomar decisiones acertadas porque recuerda las consecuencias de las decisiones equivocadas. Tu cerebro de pensar puede ayudarte a parar, pensar y tomar decisiones correctas.

Mamá señaló una ilustración del cerebro de pensar.

—¿Se te ocurre algo que el cerebro de pensar te ayuda a hacer? —Me preguntó mamá.

Me puse a pensar un momento.

—¡Ya sé! He aprendido a no pegar a mi hermano cuando me enfado con él.

Mamá sonrió.

—Eso es. Cada vez te es más fácil controlar tus enfados porque tu cerebro de pensar ha aprendido a detenerse y recordar las consecuencias negativas de pegar a tu hermano.

—¿Puede protegerme de la adicción mi cerebro de pensar?

—Sí. Siempre que decides elegir bien, tu cerebro de pensar se hace más fuerte para protegerte de cosas como la adicción. Es como ejercitar un músculo: cuanto más trabaja, más fuerte se vuelve.

Flexioné el brazo.

—¡No tenía ni idea de que mi cerebro pudiera ser tan fuerte como un músculo!

Mamá se acercó a mí y me abrazó.

—Sí; te haces más fuerte cada vez que tomas decisiones correctas.

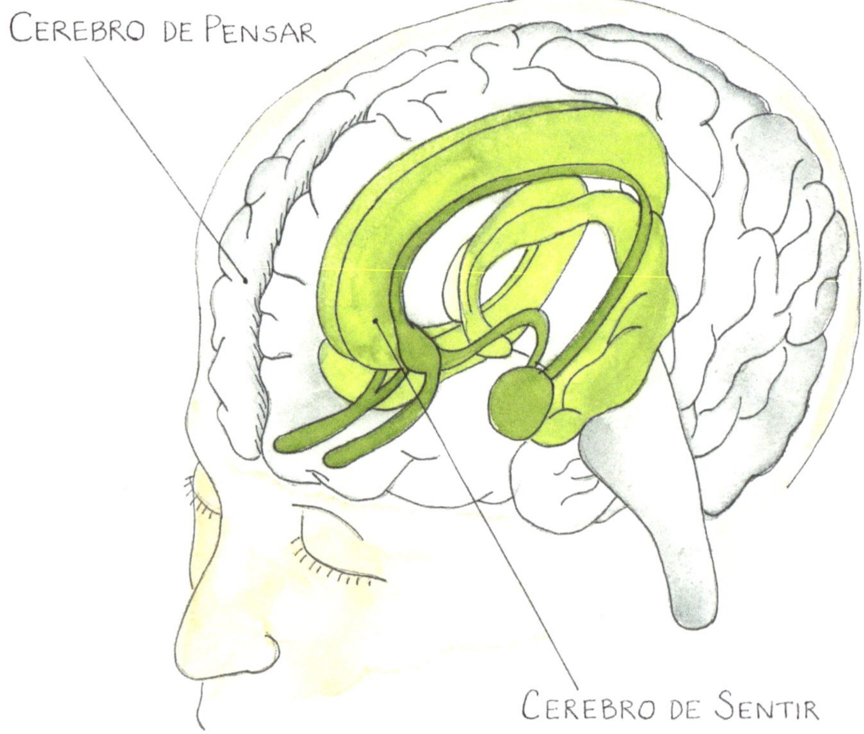

¡HABLEMOS!

Mi cerebro de pensar me ayuda a resolver problemas, a ejercer autocontrol y a tomar decisiones inteligentes entre el bien y el mal, entre lo bueno y lo malo. ¡Si ejercito mi cerebro de pensar, puedo hacerlo más fuerte y protegerlo de la adicción!

¿Qué tres tareas importantes desempeña el cerebro de pensar?

¿Cómo puedo fortalecer mi cerebro de pensar?

Notas:

CAPÍTULO 5

MIS DOS CEREBROS COLABORAN

Mamá se puso de pie y nos acercamos a una ventana que daba a la calle.

—Te voy a dar un ejemplo de cómo los dos cerebros trabajan juntos. Vamos a imaginar que es una tarde calurosa de verano y tienes mucha hambre. Un camión de venta de helado para en la calle, enfrente de casa.

Mamá levantó el puño izquierdo.

—Este es tu cerebro de sentir. Quiere comer, así que dice: "¡Ve a por helado ahora mismo!".

Entonces, mamá levantó la mano derecha.

—Pero tu cerebro de pensar dice: "¡Quieto! ¡Mira antes de cruzar la carretera para ver si vienen autos!".

Mamá juntó las manos, cubriendo el puño izquierdo con la mano derecha.

—Cuando el que manda es tu cerebro de pensar, ambos cerebros colaboran para protegerte y ayudarte a conseguir lo que quieres. Pero según tú: ¿qué crees que pasa si una adicción debilita tu cerebro de pensar de modo que el cerebro de sentir se hace cargo de tomar todas las decisiones?

Me paré a pensar un rato.

—Pues que quizá cruce la calle corriendo y me atropelle un auto… Porque no

pensé en mirar en ambas direcciones antes de hacerlo.

—Así es. Sin tu cerebro de pensar, el cerebro de sentir haría lo que le diera la gana, incluso si no es seguro. ¿Qué cerebro tiene que estar a cargo de tomar decisiones?

—¡Mi cerebro de pensar!

—Exacto —dijo mi madre asintiendo con la cabeza.

—¡Mamá, con tanto hablar de helado hemos conseguido que mis *dos* cerebros quieran comer un poco! —dije riendo.

—¿Qué te parece si comemos helado después de la cena? Puedes ayudarme a prepararlo todo, y entonces hablaremos un poco más sobre cómo mantener nuestros cerebros a salvo de la adicción y la pornografía —respondió mamá con una sonrisa.

Yo quería comer algo de helado enseguida, pero empleé mi cerebro de pensar para que me ayudara a aguantarme hasta después de la cena.

¡HABLEMOS!

Mis dos cerebros son importantes. Sin embargo, cuanto más mayor me hago, más necesito asegurarme de que mi cerebro de pensar es el que manda, porque mi cerebro de sentir no para antes de actuar. Puedo mantenerme seguro y tomar decisiones correctas, si sigo haciendo que mi cerebro de pensar sea el jefe.

¿Cuál de los dos cerebros puede tomar mejores decisiones? ¿Por qué?

¿Cómo trabajan juntos mi cerebro de sentir y mi cerebro de pensar?

¿Cómo puedo hacer que mi cerebro de pensar sea el que manda?

Notas:

CAPÍTULO 6

EL CENTRO DE ATRACCIÓN DE MI CEREBRO

Después de cenar, mamá y yo nos sentamos a comer el helado en la mesa de la cocina.

Cuando terminé la última cucharada, mamá me preguntó:

—¿Sabías que algunos piensan que una adicción a la pornografía es más difícil de superar que la adicción a las drogas?

—¿De verdad? ¿Por qué?

—La pornografía estimula una de las partes más potentes que el cerebro de sentir. Se llama el centro de atracción.

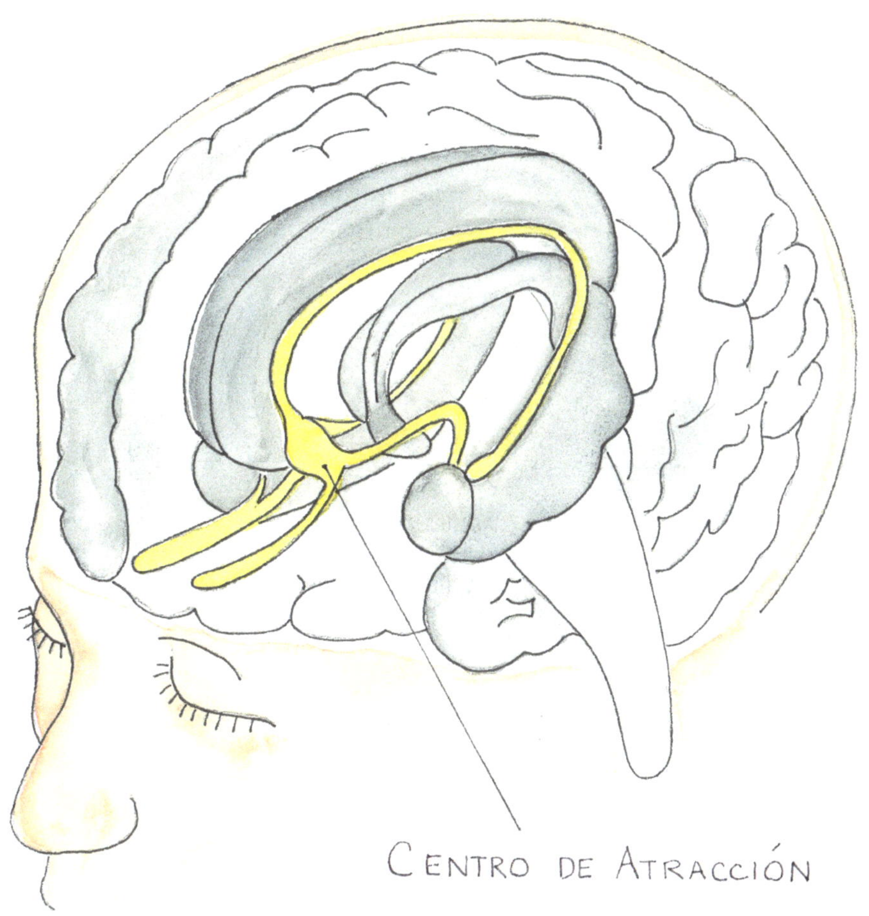

—¿El centro de atracción?

Mamá tocó otra vez la pantalla de su tablet y señaló una zona del diagrama del cerebro.

—Todo el mundo tiene un centro de atracción; es parte del cerebro de sentir. Normalmente se encuentra apagada en los niños pequeños hasta que crecen. El centro de atracción genera sensaciones de excitación y felicidad que llevan a las personas a enamorarse. Les hace querer estar cerca.

—Y qué tiene eso de importante? —dije, poniendo los ojos en blanco.

Mamá me alborotó el pelo.

—Sin el centro de atracción del cerebro, las mamás y los papás no se sentirían atraídos el uno por el otro ni querrían casarse. Y si no se enamoraran y se unieran, no tendrían bebés. Y si no tuvieran bebés, la raza humana no sobreviviría... y tú no estarías aquí hoy.

—Vaya, parece que sí es importante— dije con una sonrisa burlona.

—También es importante recordar que la pornografía hace a la gente creer mentiras.

—¿Te refieres a mentiras sobre cómo deben tratarse las personas?

—¡Correcto! Ver pornografía puede hacerte creer que las personas son objetos que uno puede ***utilizar*** en lugar de seres humanos a los que ***amar***. Nosotros sabemos que todo el mundo tiene sentimientos y desea ser tratado con amabilidad. Mostrar a las personas como objetos es sólo una de las maneras en que la pornografía engaña a los que la ven.

—¿Pero acaso no sabe la gente que las imágenes no son reales? ¿Cómo puede hacer daño a alguien ver a simples actores?

—Buena pregunta. El centro de atracción está diseñado para unir a personas reales, pero no es capaz de distinguir entre una imagen y una persona de verdad. Mirar pornografía *engaña* al cerebro para que active sensaciones muy potentes que son difíciles de controlar, especialmente para los niños. Y eso puede ser un problema grave.

Mi madre levantó de suelo el auto de carreras de mi hermano.

—Imaginemos que este auto es real. El *pedal del acelerador* es como el centro de atracción. Los ***frenos*** son como el cerebro de pensar. ¿Qué pasaría si pisaras a fondo el acelerador y los frenos no funcionaran?

—Me chocaría y me haría daño.

—Claro. La pornografía es peligrosa porque al verla puede poner a nuestro cerebro de sentir al mando y te dirija, mucho tiempo antes de que tu cerebro de pensar tenga unos frenos lo suficientemente fuertes como para controlar esas sensaciones de atracción. Y eso puede desembocar en una adicción descontrolada.

—Entonces ¿qué vas a hacer tú si te encuentras con imágenes malas? —Me preguntó mamá, dándome el auto de juguete.

—Voy a proteger mi cerebro no viendo pornografía.

—¡Tienes que estar muy orgulloso de ti mismo por tomar decisiones tan buenas! —dijo mamá con una sonrisa mientras me pasaba el brazo por encima de los hombros.

¡HABLEMOS!

Mi centro de atracción forma parte de mi cerebro de sentir. Es muy potente por la función tan esencial que tiene: unir a madres y padres para que formen familias. Pero la pornografía puede engañar a mi centro de atracción y activarlo demasiado pronto, antes de que mi cerebro de pensar tenga los frenos necesarios para controlarlo. Por eso tengo que apartarme de las imágenes malas.

¿Qué función desempeña el centro de atracción?

¿Cómo engaña la pornografía al centro de atracción?

¿Por qué es importante para mí mantenerme lejos de las imágenes malas?

Notas:

CAPÍTULO 7

CÓMO LA PORNOGRAFÍA ENGAÑA AL CEREBRO Y CAUSA LA ADICCIÓN

Mi mamá y yo nos pusimos a lavar los platos juntos.

—Mamá, ¿crees que un niño o una niña podrían convertirse en adictos con solo ver una imagen mala?

—La mayoría no se harán adictos —dijo mamá— pero algunos niños que no estén preparados para rechazarla pueden engancharse muy rápidamente.

—¿Y cómo pasa tan rápido?

—A ver si consigo explicártelo. La pornografía engaña al cerebro para que segregue una dosis elevada de sustancias químicas que hacen que la persona que mira se sienta bien, al menos durante un tiempo. Lo que da miedo de la adicción a la pornografía es que se engaña al cerebro para que genere una excesiva cantidad de su propia droga.

—¿De verdad?

—Sí. Muchos científicos creen ahora que ver pornografía puede afectar al cerebro de la misma manera que el consumo de drogas duras. Imágenes tomadas del cerebro muestran que el consumo de pornografía puede incluso llegar a encoger una parte del cerebro.

—¡Qué miedo!

—¿A que sí? Ya sabes que nunca debes consumir una droga ilegal o prejudicial, pero en ciertos aspectos, la pornografía puede ser incluso peor. Aunque la adicción a las drogas es muy difícil de superar, al menos el cuerpo tiene métodos para eliminar las drogas pasados unos días. A diferencia de los efectos que producen las drogas en el organismo, el cerebro no es capaz de eliminar la pornografía. Una vez has visto las imágenes perturbadoras, siempre

estarán ahí en la memoria.

—¡Pero eso no es justo!

—No, no lo es. Sin embargo, cuando a alguien se deja interesar por la pornografía, su centro de atracción produce unas **ansias** intensas de ver más imágenes malas. Estas ansias son un antojo irresistible por algo. Eso quiere decir que lo deseas tanto que casi es imposible pensar en otra cosa.

—¿Así que el centro de atracción quiere ver más pornografía? ¿Por qué?

—Porque el cerebro se aburre de las cosas viejas y le excita la novedad. ¿Te acuerdas de la última vez que te entusiasmaste por algo nuevo?

—¡Claro que sí! Mi camión de control remoto nuevo. ¡Estuve ahorrando un montón de tiempo para comprármelo!

—¡Ese es un ejemplo excelente! —dijo mamá con una sonrisa —. Pues bien, ¿recuerdas algo nuevo que se volviera aburrido?

Le recordé a mamá el equipo de detective que me habían regalado el año pasado. Semanas antes de mi cumpleaños no podía pensar en otra cosa, pero ahora casi nunca jugaba con él.

—Pasa lo mismo con la pornografía —dijo mamá asintiendo—. Cuando las imágenes se vuelven aburridas, la gente busca fotos y videos incluso más impactantes para sentir el mismo nivel de excitación que experimentaron antes. Encontrar nuevas fotos y videos pornográficos es lo que alimenta una adicción.

—¡Vaya! ¡No quiero tener nunca una adicción!

—Yo tampoco. El problema es que ver pornografía genera muy rápidamente una sensación de excitación en el cuerpo, incluso antes de poder evitarla. Ocurre en menos de medio segundo. Y ver incluso una sola imagen puede picar muchísimo la curiosidad de un niño o una niña con respecto a la pornografía. Lo bueno es que puedes elegir pisar el freno y parar esas sensaciones de excitación y curiosidad *antes* que se conviertan en una adicción.

—¿Cómo?

—¡Buena pregunta! —dijo mamá, tocándose la frente —. Tu cerebro de pensar puede conseguirlo; ¡lo único que necesita es un plan!

¡HABLEMOS!

Los recuerdos de la pornografía pueden convertirse en ansias de ver más fotos o vídeos, pero el cerebro se aburre rápidamente. Una adicción empieza cuando alguien busca nueva pornografía más intensa a fin de excitar su centro de atracción. Para evitar una adicción, el cerebro de pensar necesita un plan.

¿En qué se parece la adicción a la pornografía a la adicción a las drogas?

¿En qué se diferencian la adicción a la pornografía y la adicción a las drogas?

¿Cómo se desarrolla y empeora una adicción?

Notas:

CAPÍTULO 8

EL PLAN PUEDO DE MI CEREBRO DE PENSAR

Mamá dijo que tenía esforzarme al máximo por evitar la pornografía, pero que si alguna vez me encuentro con ella, esto es lo que **PUEDO** hacer.

Estos son los pasos que doy en cuanto veo una imagen o un video malos:

Parar de mirar

Un adulto de confianza tiene que saberlo

Etiquetar lo que he visto

Siempre que una imagen mala aparece en mi mente, pongo en práctica estas técnicas importantes:

Distraerme con otra cosa

Ordenar a mi cerebro de pensar que mande

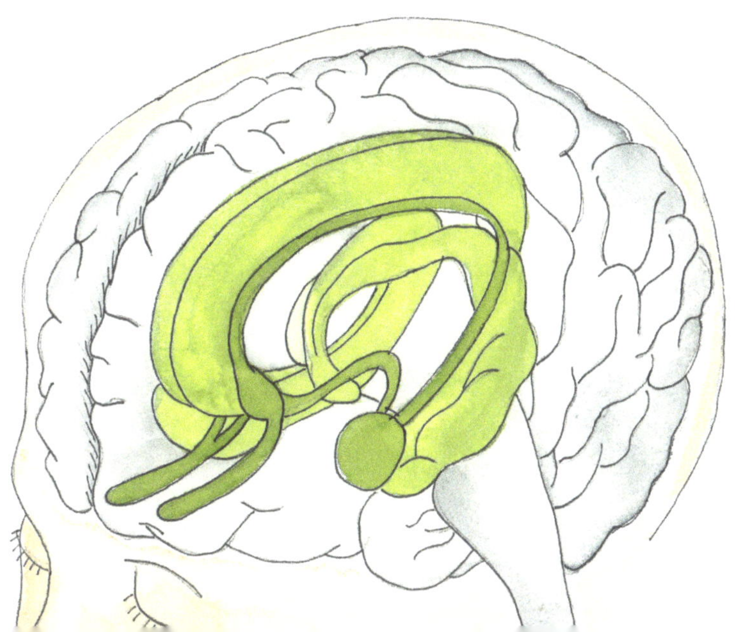

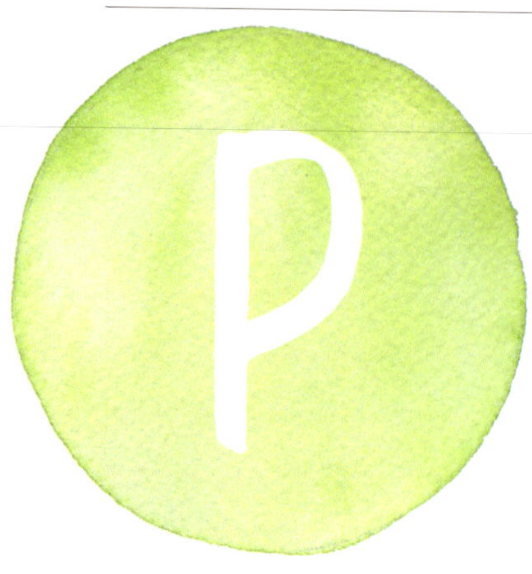

PARA DE MIRAR INMEDIATAMENTE.

Con las imágenes malas, es cuestión de segundos. Cuanto más miro, más claro resulta el recuerdo. Después de cerrar los ojos, *puedo alejarme*. Si estoy en internet, puedo apagar mi dispositivo sin mirar a la pantalla. Apagarlo es mejor que intentar cerrar la página Web.

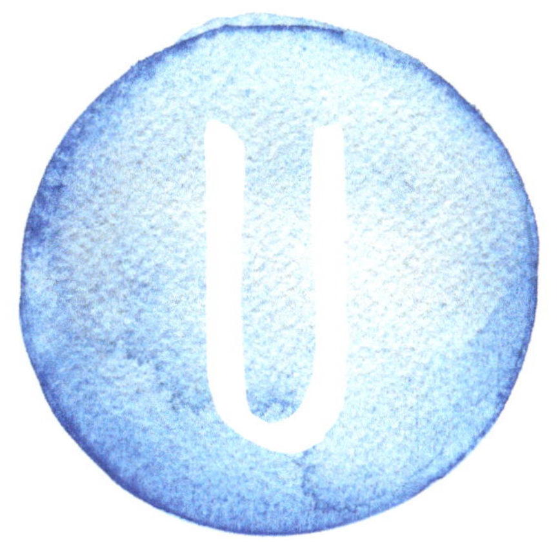

UN ADULTO DE CONFIANZA TIENE QUE SABERLO.

Mantener la pornografía en secreto nunca es una buena idea. Por eso cada vez que vea una imagen mala tengo que decírselo enseguida a un adulto de confianza. Mamá dice que la imagen mala puede molestarme más si no se lo cuento a nadie.

Si es muy difícil hablar de ello, tengo la posibilidad de escribirlo en una nota. Así mamá o papá sabrán que tienen que hablar conmigo.

Si me encuentro en un lugar donde alguien me enseña pornografía, puedo usar un código secreto (como "siento algo raro en el estómago") para alertar a mis padres y ellos vengan a buscarme.

ETIQUETAR LO QUE HE VISTO.

Si ves una imagen, video o dibujo animado pornográficos, di en voz baja: "¡Eso es pornografía!". Ponerle el nombre permite a mi cerebro de pensar saber lo que es y rechazarlo.

Nuestra familia ha decidido ayudarse a reconocer la pornografía cuando la vemos. Incluso si estamos fuera, en público, podemos susurrarnos el uno a otro: "¡Eso es pornografía!".

DISTRAERME.

Cuando me molesta una imagen, puedo distraerme haciendo algo diferente que me entusiasme o me resulte interesante. También puedo distraerme con algo que requiera actividad física como hacer ejercicio, ir en bicicleta, sacar al perro a dar una vuelta o jugar a algo divertido con un amigo.

Mamá me dijo que algunos niños recitan un poema tranquilizador, cantan una canción alegre, o, si son religiosos, oran o repiten un pasaje de Escritura para alejar la pornografía de sus mentes.

Puedo entrenar a mi cerebro de pensar para que se concentre en otra cosa* siempre que una imagen mala interfiera con mis pensamientos. Puedo elegir prestar atención a otra cosa. Con la práctica, esas imágenes malas me molestarán cada vez menos.

*Consulte otras ayudas para "olvidar" imágenes malas en la sección *Consejos para padres y profesionales* situada al final del libro.

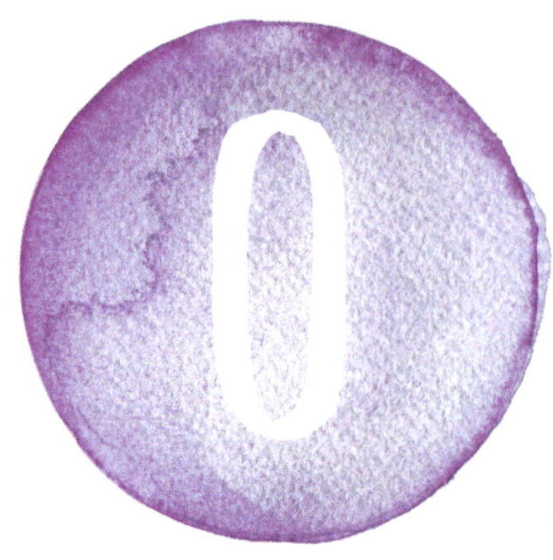

¡ORDENAR A MI CEREBRO DE PENSAR QUE MANDE!

Yo puedo decidir *nunca más* volver a mirar más pornografía, incluso después de haber estado en contacto con ella. Una forma de ordenarle a mi cerebro de pensar que se ponga al mando es hacer que se comunique con mi cerebro de sentir, de esta manera:

"Cerebro de sentir, puede que sientas curiosidad por ver más imágenes malas, pero yo puedo elegir usar mi cerebro de pensar para permanecer libre de la pornografía".

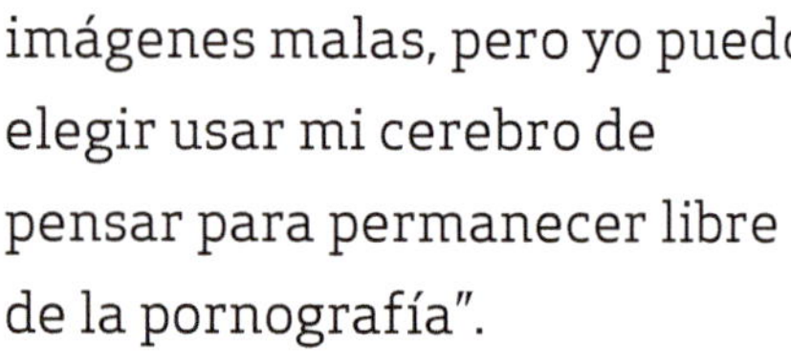

¡PUEDO conseguirlo! Puedo fortalecer mi cerebro de pensar decidiendo *no* ver pornografía y aprendiendo a controlar mis pensamientos.

MI PLAN **PUEDO**

Parar de mirar

Un adulto de confianza tiene que saberlo siempre

Etiquetar lo que he visto

Distraerme con otra cosa

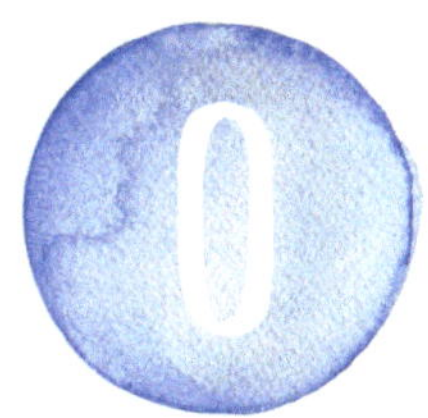

Ordenar a mi cerebro de pensar que mande

¡HABLEMOS!

Como la pornografía es muy engañosa y puede agarrarme por sorpresa, necesito tener un plan. Puedo seguir los tres primeros pasos siempre que vea una imagen mala. Cuando vuelva a aparecer en mi mente, puedo poner en práctica las últimas dos técnicas para mantener mi cerebro a salvo.

¿Por qué es importante cerrar los ojos inmediatamente cuando veo una imagen mala? ______________________________

____

¿Con qué adultos de confianza puedo hablar cuando veo una imagen mala?

____

____

¿Cómo me ayuda a usar mi cerebro de pensar nombrar una imagen mala diciendo "¡eso es pornografía!"? ______________________________

____

____

¿Qué actividad concreta puedo realizar (o imaginar que la hago) cuando aparece una imagen mala en mi mente? ______________________________

____

____

¿Qué puedo decir para mantener mi cerebro de pensar al mando? ______________________________

____

____

____

CAPÍTULO 9

PUEDO ESCAPAR DEL VENENO DE LA PORNOGRAFÍA

Al día siguiente, después de la cena, papá y yo nos apresuramos a ir al garaje para reparar mi bicicleta.

—Oye, he oído que tu madre y tú hablasteis ayer sobre las *imágenes malas*.

—Se llaman pornografía, papá.

—Ya —dijo papa sonriendo—; mamá tiene razón: el porno es malo para el cerebro.

Papá tomó una llave inglesa y empezamos a reparar mi bici. Le pusimos un sillín y un manillar nuevos ¡Parecía recién comprada!

—¡Gracias, papá, es genial!

Me la llevé para probarla. Volví a toda velocidad y la aparqué en el garaje. Después de guardar las herramientas, papá sacó una caja de un armario con cerrojo y me la enseñó.

—¿Sabes qué es esto? —preguntó.

—¿Es veneno? —respondí, tras mirar la etiqueta.

—Sí, es veneno. Estos pedazos de cebo son muy sabrosos para las ratas y piensan que son comida. Pero después de un par de bocados, el veneno empieza a hacer efecto.

Papá puso el veneno en el armario y lo cerró con llave.

—La pornografía se parece mucho a un cebo venenoso. De hecho, las personas que venden pornografía la ponen en internet, en la televisión, en carteles y en revistas para intentar engañarte. Al principio, la pornografía puede parecer algo beneficioso porque excita el cuerpo y el cerebro. Pero pronto puede dañar tu cerebro, igual que ocurre con el veneno.

—Mamá me ha dicho que, si alguna vez veo imágenes malas, tengo que decir "¡Eso es pornografía!" y alejarme de ella *rápidamente*.

—Eso es. Si las ratas pudieran decir: "¡Es veneno!" y alejarse de él, ¿crees que podría hacerles daño?

—No, imagino que no.

—Si reconoces el cebo de la pornografía como el veneno que es y te mantienes alejado de él, podrás proteger tu cerebro.

Papá me dio un abrazo muy fuerte.

—Recuerda lo que siempre decimos: si tomamos decisiones correctas *hoy*...

—¡Pasáran cosas buenas mañana! —dije, terminando la frase. Le había oído decirlo mil veces. Los dos nos reímos a carcajadas.

—Siempre que quieras hablar conmigo aquí me tienes, ¿de acuerdo?

—Gracias, papá.

Mamá abrió la puerta del garaje con una sonrisa.

—¡Hola! Voy a haceros una foto con vuestro último proyecto.

La cámara de mamá hizo clic y el flash lanzó un destello de luz.

Papá nos abrió la puerta de la cocina y apagó las luces del garaje.

—Vamos. No sé vosotros, pero yo estoy listo para el postre.

Nos turnamos en servirnos porciones del postre recién horneado que estaba en una bandeja, en la mesa de la cocina.

Mamá nos enseñó las fotos que nos había sacado a los dos.

—Estas son *imágenes buenas* que vamos a añadir a nuestro álbum de fotos familiar. Serán unos recuerdos preciosos —dijo mamá con una sonrisa.

Al mirar mi foto con papá, supe que *ese* era el tipo de fotos que yo quería tener en *mi* cerebro.

Cuando se trata de la pornografía, quiero tener la situación bajo control con mi cerebro de pensar. Y ahora sé que PUEDO hacerlo.

PORNO
¡BIEN HECHO! ¡ASÍ SE HACE!
¡Puedes hacerlo! ¡Puedes hacerlo!
¡Eres el mejor!
¡Estamos orgullosos de ti!

¡HABLEMOS!

La pornografía es como un veneno en imágenes para el cerebro. Puedo optar por buscar imágenes que me ayuden a querer y respetar a los demás. Y puedo rechazar las imágenes malas que convierten a las personas en objetos y pueden causar una adicción. Siempre puedo rechazar la pornografía si uso mi cerebro de pensar.

¿Por qué es la pornografía como cebo venenoso para mi cerebro?

¿Cómo puedo tener más control sobre las imágenes que pongo en mi cerebro?

¿Qué puedo hacer, o recordar, cuando siento curiosidad por mirar imágenes malas?

Notas:

GLOSARIO DE TÉRMINOS CLAVE

Adicción: Una adicción es una enfermedad crónica que afecta al sistema de recompensas del cerebro. El trastorno del sistema de recompensas genera en el enfermo deseos intensos por la sustancia o el comportamiento adictivo en cuestión, lo cual hace que los adictos pierdan el control y procuren consumir dichas sustancias o llevar a cabo esos comportamientos de manera compulsiva a pesar de las consecuencias negativas de hacerlo. Los adictos desarrollan tolerancia, por lo que necesitan niveles mayores de estimulación a fin de obtener satisfacción. Padecen asimismo el síndrome de abstinencia si no pueden consumir la droga a la que están adictos o llevar a cabo el comportamiento adictivo. La mayoría de los adictos pasan por ciclos de recaída y remisión. Sin tratamiento, las adicciones degeneran progresivamente y pueden causar discapacidad permanente o muerte prematura.

Ansias: Son deseos intensos. Más que avidez, el ansia es un anhelo potente de algo concreto. Pueden ser tan onerosos que pueden despertar a los adictos, incluso si están profundamente dormido.

Apetito: Una necesidad o instinto extremadamente intensos y que motivan comportamientos, como el hambre o el deseo sexual.

Centro de atracción: Las estructuras cerebrales que intervienen en la atracción y la excitación sexuales.

Cerebro de pensar: Esta región del cerebro se denomina corteza prefrontal y regula los frenos de los apetitos del sistema límbico. En la corteza prefrontal reside el aprendizaje y la distinción entre el bien y el mal, la capacidad de planificar y resolver problemas. A medida que una adicción desvía recursos y control al sistema límbico (o cerebro de sentir), la corteza prefrontal puede encoger. Entre las maneras de reforzarla destacan la meditación concentrada, la autodisciplina y ejecutar planes para alcanzar objetivos.

Cerebro de sentir: La región límbica del cerebro regula nuestras emociones e instintos de supervivencia y sensaciones de placer. El sistema límbico gestiona también el aprendizaje y la memoria.

Pornografía: *(Definición sencilla)* Por pornografía nos referimos a fotografías, vídeos o incluso dibujos animados de personas con poca o ninguna ropa. *(Definición avanzada)* Cualquier producto audiovisual (fotografías, vídeos, canciones o narraciones) concebidas para excitar sexualmente mostrando desnudez o actividades sexuales.

Sistema de recompensa: Las regiones del cerebro que participan en la estimulación (sensaciones de placer o satisfacción) que premia comportamientos esenciales para nuestra supervivencia. Las adicciones corrompen el sistema de recompensas por lo que este premia comportamientos adictivos que no son útiles para la supervivencia.

Sustancias químicas: Materia formada por componentes minúsculos llamados átomos y moléculas. Las sustancias químicas del cerebro actúan como señales que portan mensajes de una parte del cerebro a otra.

CONSEJOS PARA PADRES Y PROFESIONALES

Hablar con los niños sobre la pornografía puede parecer abrumador, pero es completamente viable. La buena noticia es que cuando los niños están preparados para rechazar la pornografía, **PUEDEN** hacerlo. A continuación, ofrezco una selección de mis mejores consejos:

1. **¡Conviértase en el experto de referencia de su hijo!** Enseñe a sus hijos a preguntarle a usted en lugar de acudir a sus amigos o a internet cuando tengan preguntas o escuchen una palabra que no entiendan. Muchos menores se ven atrapados en las redes del porno cuando buscan los significados de jerga con tintes sexuales.

2. **Recuerde que la curiosidad por la pornografía no hace que los niños sean malos.** Es normal, desde un punto de vista biológico, que tanto niños como niñas deseen ver fotografías de desnudez. La curiosidad no es nada por lo que avergonzarse, pero puede ser peligrosa. Con gentileza, eduque a su hijo y persuádalo de la importancia de cuidar de su cerebro y su cuerpo evitando la pornografía.

3. **Enseñe a sus hijos a "olvidar" las imágenes malas.** La pornografía crea recuerdos muy persistentes en la mente de los niños. Por esa razón los más pequeños necesitan la ayuda de sus padres. "Olvidar" o neutralizar una imagen pornográfica es sencillo, pero se precisa para ello práctica y orientación. Básicamente, un niño ha de contar con un plan para crear un nuevo circuito neuronal lejos del recuerdo de la pornografía. Se lleva a cabo de la siguiente manera:

   - Ayude a su hijo a pensar en una actividad divertida o emocionante que les guste mucho. Puede ser una canción, una parte divertida de una película, un juguete, o una actividad física. Puede ser cualquier cosa que les guste y que les distraiga.
   - Enseñe a su hijo a pensar en esa actividad especial siempre que aparezcan en su mente imágenes malas. Realizar una actividad física que exija concentración mental también puede ayudar a distraer al niño y evitar que se concentre en el recuerdo o la imagen mala.
   - Anime a su hijo a seguir practicando. Al principio, su mente volverá de forma natural al intenso recuerdo pornográfico. No pasa nada. Cuando vuelta a suceder, pídale que piense en su actividad favorita. Hará falta práctica, pero a medida que se esfuercen, el mal recuerdo aparecerá con menos frecuencia y tendrá una influencia menor sobre su mente.

4. **No retrase la educación sexual.** Aunque diseñé este libro para poder leerlo con sus hijos antes de la "conversación sobre sexo", recomiendo encarecidamente que empiece a tener conversaciones estructuradas con ellos desde una edad temprana. Cuanto antes comience, más cómodos estarán en esas conversaciones. *Los padres de hoy han de disputarse con la industria de la pornografía la influencia sobre los paradigmas sexuales de sus hijos.* Enseñe a sus hijos lo que usted cree con respecto a la finalidad del sexo antes de que la industria del porno los deforme con violencia, escenas de violación, abuso de menores y otros actos degradantes. Si sus hijos se sienten cómodos haciéndole preguntas sobre sexo, recibirán información mucho más saludable por su parte que buscándola en un motor de búsqueda o acudiendo a sus amigos.

5. **Enseñe a los niños que nunca deben sacar fotos de otras personas, o de ellos mismos, sin ropa.** Enviar fotografías de desnudos ("sexting") es una tendencia en alza e incluso niños pequeños están siendo víctimas de extorsión sexual en línea para que compartan fotografías y videos con imágenes de desnudez. Eduquemos a los pequeños para que rechacen esta práctica antes de que se produzca.

6. **Siga siendo un mentor para su hijo mediante conversaciones regulares.** Dé el primer paso leyendo este libro con su hijo o hija y cada paso posterior será mucho más fácil. Ayude a sus hijos a desarrollar un filtro interno aplicando el plan PUEDO a fin de evitar la adicción. Cada conversación desarrollará la confianza de sus hijos. Cada conversación aumentará su seguridad.

¡No pierda la confianza en usted mismo! Le invito a unirse a nuestra comunidad en **ProtectYoungMinds.org**, en Instagram y en nuestro grupo de Facebook para padres Let's Talk (en inglés) de Protect Young Minds. Todas las semanas le brindaremos apoyo mientras afronta los retos de criar a sus extraordinarios hijos e hijas en la era digital.

MÁS HERRAMIENTAS PARA PROTEGER A LOS NIÑOS

Visite nuestro sitio Web ProtectYoungMinds.org

Niños capacitados.
Resistentes.
Que saben usar tecnología de manera inteligente.

Descrubra recursos eficaces para proteger a los niños de la pornografía, los depredadores y la explotación:

- **Información actualizada** sobre estrategias de prevención y nuevas amenazas
- **Comunidad.** Únase a nuestro grupo privado para padres en Facebook Let's Talk (en inglés).
- **Guías y carteles** gratuitos para descargar.
- **Ayuda de expertos** y terapeutas para responder a las preguntas más difíciles.
- **Ánimo constante.** ¡Usted puede conseguirlo!

Imágenes buenas, imágenes malas se ha traducido a varios idiomas

Nuestro éxito editorial llega ahora a niños en todo el mundo. El libro se ha traducido las siguientes lenguas: español, alemán, chino, italiano y árabe. Más información en ProtectYoungMinds.org/books.

Enseñe a sus hijos técnicas de rechazo de los peligros digitales

brain defense®
DIGITAL SAFETY

Hemos desarrollado un curriculum audiovisual atractivo orientado a mantener seguros a los estudiantes frente al ciberacoso, la pornografía y la adicción a internet. Brain Defense proporciona equipa a los niños con hábitos tecnológicos seguros a fin de fomentar que se conviertan en ciudadanos digitales responsables.

Una versión infantil para niños entre 3 y 7 años

Con mensajes delicados y adaptados a los más pequeños (y bellas y divertidas ilustraciones), Good Pictures, Bad Pictures, Jr. [Imágenes buenas, imágenes malas edición infantil faculta a los más pequeños el plan Turn, Run and Tell y 5 reglas relacionadas con la seguridad corporal. Esta edición infantil prepara a los pequeños con su primer filtro interno.

Conecte con nosotros

CORREO ELECTRÓNICO: info@ProtectYoungMinds.org
SITIO WEB: www.ProtectYoungMinds.org

LA AUTORA Y LA ILUSTRADORA

KRISTEN A. JENSON

Kristen es una escritora de éxito, Directora Gerente de Glen Cove Press LLC. y fundadora de ProtectYoungMinds.org, un sitio Web dedicado a dotar a los padres de los recursos necesarios para enseñar a sus hijos a rechazar la pornografía. Tiene un Grado en Literatura Inglesa y una Maestría en Comunicación Organizativa.

DEBBIE FOX

Debbie tiene estudios de grado en Brigham Young University, donde empezó sus estudios artísticos de grado. Continuó su formación en clases de educación para adultos. Debbie ha ilustrado la edición infantil de *Imágenes buenas, imágenes malas* con acuarelas originales.

¡Gracias!

¡Para escribir un libro como este hace falta un auténtico ejército! Son muchas las personas extraordinarias que han hecho aportaciones esenciales. Los trabajos y las presentaciones en vídeo que el Doctor en Medicina Donald L. Hilton Jr. ha publicado en internet, me han ayudado a explicar la manera en la que el cerebro puede desarrollar una auténtica adicción a la pornografía. En concreto, he compartido y ampliado su analogía del "camión del helado" en el capítulo 5. También quiero reconocer el trabajo de la doctora Jill Manning, autora de *What's the Big Deal about Pornography? A Guide for the Internet Generation*. Su obra inspiró las primeras cuatro estrategias del Plan PUEDO que se enumeran en el capítulo 8. Los vídeos en YourBrainOnPorn.com y otros sitios del psicoterapeuta Gordon S. Bruin me fueron de gran utilidad en la elaboración de las explicaciones sencillas y fáciles de entender para los niños de los dos cerebros. Claudine Gallacher ha dedicado cientos de horas asistiéndome en tareas de investigación y como asesora en materia de redacción. Sus constantes ánimos y comentarios han sido aportaciones fundamentales. Mis amigos, Jared y Nicole Liebert y sus hijos varones, han servido de modelos para las ilustraciones y desde el principio se prestaron con entusiasmo para ser conejillos de indias lectores. Agradezco el aliento recibido de parte de los integrantes de su grupo de redacción, los Columbia River Writers, así como de la escritora Tanya Parker Mills, quien me ayudó a poner en marcha mi blog *Protect Young Minds*. Asimismo, los comentarios esenciales de decenas de padres que han servido de lectores voluntarios del libro me ayudaron a mejorarlo y a hacer que la obra sea más eficaz para los lectores más jóvenes. Debbie Fox y Evan MacDonald hicieron que este libro cobrara vida con su arte y pericia. Estoy profundamente agradecida a todos los que me han ayudado a escribir y publicar *Imágenes buenas, imágenes malas*.

COMENTARIOS POSITIVOS DE LOS LECTORES DE IMÁGENES BUENAS, IMÁGENES MALAS

"*Imágenes buenas, imágenes malas* es el recurso práctico, positivo y eficaz que las familias necesitan. Recomiendo sin reservas leerlo a menudo con sus hijos para que desarrollen el autocontrol. Es la defensa definitiva contra la pornografía".

VAUNA DAVIS, FUNDADORA DE REACH10

"Fue una alegría encontrar *Imágenes buenas, imágenes malas*. Soy madre y me ayuda a arrancar la conversación sobre un tema tan delicado. Es tan sencillo y entrañable como leer un libro juntos. ¡Me encanta! Es honrado, abierto, tranquilo y alentador. ¡Qué manera tan hermosa de capacitar y proteger a sus hijos!".

DEANNA LAMBSON, MADRE DE SEIS HIJOS, DOCENTE Y FUNDADORA DE WHITERIBBONWEEK.ORG

"*Imágenes buenas, imágenes malas* es un libro muy recomendable. Cuando lo leí con mi hijo se presentó la oportunidad de hablar de temas complicados. La forma de presentar los temas hace que los niños se sientan identificados con ellos y los entiendan fácilmente".

GREG, PADRE DE SEIS HIJOS

"*Imágenes buenas, imágenes malas* es un libro que toda familia tiene que leer. Nos ha ayudado muchísimo para empezar el diálogo con nuestros hijos pequeños sobre los efectos perjudiciales de la pornografía".

MARCIA STILLWELL, MADRE DE CINCO HIJOS

"La lectura de *Imágenes buenas, imágenes malas* con mis hijos quizá sea una de las cosas más positivas que hecho por ellos. He sido testigo de los efectos desoladores de la pornografía en muchos seres queridos. Antes de encontrar este libro, no sabía cómo iniciar el diálogo con mis hijos pequeños para neutralizar el potente torbellino de adicción que causa la pornografía. La meticulosa selección de las palabras empleadas en el libro; la descripción sencilla pero eficaz de las dos partes del cerebro; y su plan "PUEDO" (el equivalente a un plan de evacuación en caso de incendio para cualquier dispositivo con conexión a internet) han hecho que pueda estar tranquila. Me gusta repasar sus principios a menudo".

DIANE, MADRE DE SEIS HIJOS

A MI ESPOSO, JOHN, CUYA LEALTAD Y AMOR ME ALIENTAN A CADA PASO.

—KRISTEN—

A MI MARIDO, STEVEN, QUE SIEMPRE CREE EN MÍ.

—DEBBIE—

Advertencia

La autora opina que la seguridad de los niños aumenta cuando, de forma proactiva, se les avisa de los peligros de la pornografía y la adicción y se les faculta para rechazarlos. Sin embargo, tanto padres como cuidadores son responsables en última instancia de la educación de los menores a su cuidado en lo relativo a estas cuestiones tan importantes. Mi libro no constituye asesoramiento médico ni psicológico para el tratamiento de la adicción. Cualquier persona afectada por la adicción debe acudir a profesionales competentes.

PRIMERA EDICIÓN 2014

SEGUNDA EDICIÓN 2018, TERCERA IMPRESIÓN

ISBN-10: 0-9973187-3-2

ISBN 13: 978-0-9973187-3-9

Puede adquirir este libro con descuentos por volumen de ejemplares.
Para más información, escriba a info@GlenCovePress.com

Diseño de Evan MacDonald

Impreso en Estados Unidos de América

www.ingramcontent.com/pod-product-compliance
Lightning Source LLC
LaVergne TN
LVHW070150110826
845147LV00002B/363

* 9 7 8 0 9 9 7 3 1 8 7 4 6 *